私は「農家の母さん」

語り　藤井けい子

人を迎え、包み、心休ます豊かな暮らしのお裾分け
―東北の農家民宿の先駆者「泰山堂」の魅力と魔力

農の夢追いつなぎ人　青木辰司（東洋大学名誉教授）

日本のグリーンツーリズムが農林水産省の政策として導入されて三十二年。数多い農家民宿の中で「泰山堂《たいざんどう》」は、その先駆者であり、その開業一番乗りの客となったことは、今でも私の自慢の一つだ。平成八（一九九六）年七月七日のことである。

東京・和光中学校生徒の農村体験旅行の受け入れをきっかけに、確かな農家民宿として一般客を通年受け入れるという試みは、全国的にも希少な実践で、けい子さんはご主人はじめご家族、地域の人々の理解と協力の下で、「豊かな農家のお裾分け」を今につなぐ。

秋田在住の頃、家族でお邪魔した時、秋田弁で迎えてくださったおばあさまを、きょと

んとしてみていた小学校低学年の息子は、「イギリスに来たみたいだね？（言葉はそのように分からないけど）良い人だね」と言っていた。妻も骨折した足を心配してくださったことに感動。まさに「フロントレディ」としての役割をしっかりと果たされていた姿が忘れられない。

けい子さんはその後、秋田県内はもとより、全国各地で講演やパネルディスカッションのパネリストとして、先駆的実践の魅力を後発の地域実践者に伝道する役割を担ってこられた。

この間、私が委員長で全国の秀でた農家民宿を選出する「農林漁家民宿おかあさん100選」にも選ばれ、質の高い民宿経営は広く賞賛され、各種表彰の栄誉を受けた。常に身の丈で無理せず交流を楽しみ、グリーンツーリズムの基本を踏まえ、持続可能な経営を心掛ける。それは、私が取り組む農泊の品質評価支援事業の模範でもある。

けい子さんの実践の魅力と魔力は、ぶれない身の丈の実践から生まれる、心のおもてなし。仙北市の農泊が広く普及しているのも、その魔力のおかげでもある。「農家の母さん」の確かな個の実践を、多面的に広められたことに心から敬意を表したい。

この本は、けい子さんのたゆまない「農の夢追い実践」の軌跡を示したものである。今後は、けい子さんの実践の意義と価値を、多くの農村女性が共有し、「豊かな農のある暮らしのお裾分け」を担って、国内外の心ある方々との深い交流活動が、しっかりと根付くことを願いたい。

目次

本書は秋田魁新報の聞き書き連載「シリーズ時代を語る」(二〇二一年六月七日～七月十日)を一冊にまとめたものです。一部を加筆・修正しました。

(聞き手＝斎藤純一)

イラスト（カバーと章扉）　タカクラエ

はじめに　私は「農家の母さん」

仙北市西木町小渕野で、農家民宿「泰山堂《たいざんどう》」を営んでいます。泰山堂は自宅敷地にある離れの建物で、白しっくいの木造二階建て。大工でもある夫の直市《なおいち》が設計し、建てました。

市内には角館《かくのだて》や田沢湖といった有名な観光地がありますが、ここは田んぼに囲まれた二十三戸の小さな集落。それでも県内外にたくさんのリピーターがいるのはありがたいことです。

わが家は農家なので生計を立てるのは農業。民宿はあくまで副業だと考えています。無理をせず、お客さんは一日一組、五人まで。スケジュールを気にせず、のんびりと過ごしてもらうよう心掛けています。

普通の宿とは随分違うんでしょうね。でも、そんな雰囲気を気に入ってもらっているのかもしれません。常連さんは私のことを「母さん」と呼んでくれるんですよ。

元々農家民宿やグリーンツーリズムに興味があったわけではないんです。振り返ると、二つの出来事があって農家民宿を始めたように思います。

一つは東京の和光中学校との交流です。修学旅行で劇団わらび座に来た生徒たちと昭和五十七（一九八二）年から交流しています。都会の子どもたちとの触れ合いで、ここの自然や田舎暮らしの豊かさに改めて気付くことができました。これが農家民宿という挑戦を後押ししてくれました。

もう一つは平成六（一九九四）年九月にあった講演会。女優の浜美枝さんが、都会の人が農村に滞在する、ヨーロッパの農家民宿を

泰山堂をバックに＝令和３（2021）年５月13日

紹介しました。日本でも需要があるはずだと、その日のうちに家族に相談。およそ二年後の八年七月にオープンしました。あれから二十八年になります。

母からの一言

「親の死に目に会えると思うな
お客さんが大事だからな」

■ 少女時代

祖母に料理を教わる

昭和二十四（一九四九）年五月、西明寺《さいみょうじ》村門屋《かどや》字六本杉（現仙北市西木町）の小さな農家に生まれました。祖父母と両親、叔父二人、叔母の八人家族。五歳の時に弟が生まれました。

子どもの頃のことで、一番に思い出すのは夕飯の支度を手伝わされたことです。祖母はとにかく私に厳しく、小学校に入ると、あれやれ、これやれと指図するようになりました。その通りにしないと「しつけが悪い」と母に小言を言います。母は農作業で忙しいこともあり、私は言われるままに手伝いをするしかありませんでした。

当時は何日かに一度、魚屋さんが家に来ていました。自転車の荷台に魚を入れた木箱を載せてね。氷を詰めているから、箱からはだらだらと水が漏れていました。魚は毎日食べるものだから、来ない日は近所の別の魚屋に必ず魚を買いに行かされました。祖母はしちりんに炭をおこして、私のことを待っていました。

子どもだから、ままごとやスキーなど外遊びが大好きでした。でも遅くなると祖母に叱られるのが分かっていましたから、夕方には帰るしかありません。暗くなるまで遊んでいられる近所の友達が、ただただうらやましかったなあ。紙芝居が見たかったです。

祖母は料理が得意でした。私と十歳離れた叔母も上手で、二人して「初めて作った」と、珍しいものを食べさせてくれました。ポテトサラダやカレー、ソーセージ料理など。亡くなってから聞いた話ですが、祖母は近所でご祝儀や葬式があると、宴会の料理作りを取り仕切っていたらしいのです。中学生になると料理のコツやタイミングを教わりました。

祖母がなぜ私に厳しかったのかは正直分かりません。ただ、昔の料理を作り、懐かしい

自宅前で弟と＝昭和 32 年ごろ

味になると、祖母のことを思い出します。でも感謝の気持ちというよりは、「つらかった」という思いが先に立ちます。料理の味も少し複雑に感じます。

「おまえは九死に一生を得た人だから
どんなに苦しくても立ち上がれ」
（小さい時、柿の種を詰まらせて全身紫になっていたのを母が助けたとのこと）

研究に夢中だった父

父の政一《まさいち》は変わった人でした。植物や昆虫を調べ、いつでも本を読んでいました。大学の先生らしき人や新聞記者の人が入れ代わり立ち代わり訪ねてきていました。

〈藤井けい子さんの父佐藤政一氏（故人）は植物・民俗研究家。黄色系ユリの育種や角館のシダレザクラの保護育成、西明寺栗の栽培技術開発など植物の研究に努めた。元西木村収入役。農林業振興で平成三（一九九一）年度県文化功労者〉

実家は農家でしたが、父はほとんど働きません。だから主に祖父と母のミキ子が農作業を担っていました。子ども心に「何で父さんは仕事をしないんだろう。母さんがかわいそう」と思い、野良仕事を手伝っていました。今も畑にいると、段取りが良かった母の仕事ぶりを思い出します。手際がよく、野良着もほとんど汚れていなかったな。

そんな父に変化が訪れたのは私が小学校の高学年、昭和三十年代の半ばごろ。畑にでっかいビニールハウスを建てて、早春からイチゴやキュウリを育て始めたのです。

　ハウスの中の温床には小さな野菜の苗が並んでいました。露地では野菜や花、果樹など多くの種類を育てていました。それらを歩いて十分ほどの八百屋に卸すのです。

　両親が楽しそうに働く姿を見られるのが本当にうれしかった。農業っていろんなことができて楽しいものだと感じながら、二人を眺めていました。私が農家に嫁いだのも、その姿に憧れたからだと思います。

　間もなく父は西木村役場に勤め始めます。学歴が高いわけではないけれど、すぐに産業課長になりました。何かの研究の成果が評価されたのでしょうか。

農作業の合間の両親＝昭和 41（1966）年ごろ

父は食にも大変興味があり、おいしい店があると聞けば、角館や秋田市までよく連れていってくれました。私が食い道楽になったのも、父の影響が大きかったんでしょうね。

「夫婦げんかほど、子どもに悪いことはない
けんかしている時間があったらその先の得を考えろ
それが大人だ」

答えも写し怒られる

昭和三十一（一九五六）年に西明寺小学校に入学しました。家ではほとんど勉強したことがありません。友達と遊びたいし、家ではご飯作りの手伝いもありましたから。

両親に「勉強しろ」と言われたことはなかったですね。父は「背中に成績を貼り付けて生きるわけではない。好きなことをしていた方が面白い」とよく話していました。母も「神様は何か得意なものを必ず一つ与えてくれるから、それと出合えればいい」というのが口癖。

だから私は「勉強は学校でするもので、家ではやらなくていい」と思っていて、「何で宿題なんてあるんだろう」と不思議でした。学校に行くと、授業が始まる前や休み時間に宿題を仕上げます。終わらなかった日は、先生に居残りを命じられ、放課後にやっていました。その時間がうれしかったです。

宿題で思い出す出来事がありま
す。ある日、宿題のプリントを家に
忘れてきてしまいました。放課後、
先生から「同じように書け」と、ク
ラスメートが提出したプリントと白
い紙を渡されました。

二枚を重ねて窓ガラスに透かして
写して出すと、先生が突然怒りだし
ました。問題も答えも丸ごと写した
からです。問題を解いてもう一度提
出すると、笑って許してくれました。

こんなこともありました。夏休みの作品で、丸一日かけて画用紙いっぱいにナツメの木を描いたのです。家の前にある大好きな木で、自信作でした。それを見た先生は「誰かに描いてもらったな」と一言。自分のことを信じてくれないのかとむっとしましたが、何と

小学校の同級生たちと（前列右）＝昭和 36 年ごろ

金賞をくれたのです。ほーらな、といい気持ちでした。

冬休みに描いたのは植木鉢。この時は父に手伝ってもらったので、いい出来栄えでした。ところが先生は何も言いません。結局その絵は賞をもらえませんでした。先生って、何でもお見通しなんだなと感心しました。

「下手と言われたらそこで止まる
上手は夢を生む」と

石川先生

西明寺小学校から西明寺中学校に進学。一学年に百五十人ぐらいいたかな。中学ともなると、テストの成績が張り出されます。思っていたより上位だったことにびっくりしました。

中学三年の担任だった石川義三先生は数学の担当。授業でインド式の計算法を教えてくれたことがありました。今は忘れてしまったけれど、それまで習ったものとは全く違う解き方に驚き、すっかりはまってしまいました。正解すると先生はいつも褒めてくれて、数学が大好きになりました。

ただ、三年になると数学以外の成績は下がる一方。同級生たちは受験勉強をしているのに、私は相変わらず家では勉強していませんでしたから、当然ですよね。家事の手伝いは以前より増えていて、それを言い訳にしていたところもありました。父の「好きなことをやれ」という言葉に甘えてもいました。

でも受験が近づくと、さすがに「これはまずいな」と思うようになって。もう遅いかもしれないという不安を抱えながらも必死に勉強しました。

そして試験当日を迎えたわけですが、無理がたたったのか高熱を出してしまいました。受験した昭和四十（一九六五）年当時は九教科で二日間の日程。ぼーっとして、一通り解き終えると机に突っ伏していました。

半ば諦めて合格発表は見に行きませんでしたが、どうにか角館高校に受かりました。受験勉強で出遅れ、高熱という不運もあったのに合格できたのは、数学で良い点を取れたからじゃないかなと勝手に思っています。

数年前に亡くなってしまいましたが、泰山堂やグリーンツーリズムの関係で私のことが新聞に載ると、石川先

西明寺中の卒業アルバム（前から２列目右端）。前列右から４人目が石川先生

生は必ず励ましの手紙をくれました。
結婚して農家の経理を担うようになって四十年超。数字に苦手意識がないのは、数学の楽しさを教えてくれた石川先生のおかげです。先生に感謝です。

石川先生が私の頭を本でバシッと
痛い、何も言わなかった
先生に見てもらっていたことがうれしかった
最高の先生でした

同好会の先輩

進学した角館高校は男女共学。近くには女子校の角館南高校（後に角館高校と統合）もありましたが、そちらは一度も考えませんでした。中学の時は女の子同士でおしゃべりするより、男の子たちとわいわいやっている方が多かったですから。

最初のうちは自転車通学でした。バス通りは砂利道で砂ぼこりがひどいため、山の中の道を通っていました。学校まで三十分。坂道がきつくて嫌になります。バスはバスで酔ってしまう。冬場を除けば、どちらで行くかはその日の気分次第でした。

運動が苦手だったという理由で社会科同好会に入り、角館地域の歴史を学びました。座学だけでなく、時々、角館の神社仏閣に出掛けました。おかげで、角館周辺の名所はほとんど覚えました。高校は創立四十周年に当たる年で、平福百穂の掛け軸や佐竹北家に伝わるひな人形など貴重なものを素手で抱いて学校まで運び陳列しました。

当時は、手伝いではなく私が家事の中心。実家で栽培した菊の花を日曜日に大曲の花屋に卸すのも私の役目となりました。制服姿で花を抱え、角館駅から汽車で向かいます。上等な花を選んでいったので高く売れました。花屋から戻ると普段厳しい祖母が「汽車賃をかけても、今日のおかず代になる」と喜んでいたのを覚えています。

このように学校から帰ってもやることがたくさんある中で、観光地巡りのような同好会は、私にとっていい息抜きになりました。お昼にはみんなで、ラーメンや持参したおにぎりを食べました。先生や友達と一緒に楽しく食事をすると、決して高価な料理ではなくても、とてもおいしいものでした。この時から、食の本に興味を持ちました。

角館の古城山で社会科同好会のメンバーと（左端）＝昭和41（1966）年

「時間があれば、あそこを見に行ってみたら」「角館というのはこんな町なんだよ」――。
歴史が特別好きなわけではありませんが、あの頃覚えたことは、泰山堂のお客さんとの会話で〝ネタ〟として今も役立っています。

同好会の先輩から
私の健康を心配して
「おーい、生きてるか」と電話が来る
ここの家族と私には壁がない

就職せず、和裁を勉強

実家では母も祖母も、時間があれば針仕事をしていました。普段着はたいてい手作り。周りの家もそうでした。小さい頃から二人を見ていた私も縫い物が大好き。小学生の頃だったかな。人形の帯を作ろうと、母の友禅染の帯をはさみで切った時は怒られたなあ。

高校三年になると、就職先を探しました。縫い物関係がいいなと思い、横手の和裁所に就職を決めました。和裁専門の縫い子さんたちがたくさんいる職場です。ところが母は「大きいところは部分縫いから始まり、一枚の着物を一人で仕立てるようになるまで何年もかかる」と反対でした。

母は和裁を教える角館の先生を見つけ、私を連れていきました。昭和四十三（一九六八）年三月、卒業式の二日後のことです。同級生たちは勤めてお金を稼ぐというのに私は花嫁修業かとも思いましたが、母は既に私のために道具を全部そろえています。これは言うことを聞かなければならないと観念しました。

何か目標を持てば続けられるかなと先生に相談すると、「学校に行かなくても資格は取れる」とアドバイスしてくれました。先生の出産があり、通ったのは一年ぐらい。その後は実家で本と通信講座で勉強しました。

母は角館の呉服屋から仕事をもらってきて、私は思う存分仕立ての経験を積むことができました。東京商工会議所と着物専門学校が認定する和裁講師の資格を取り、公民館で教えたこともありました。

就職志望でしたが、ずっと実家にいることは苦になりませんでした。小さい頃からしていた家事は当たり前のことだし、学校の勉強と違って好き

高校3年生の頃、自宅前で母と＝昭和42年

な縫い物の勉強をしていたのですから。口うるさかった祖母は、縫い物をしている私に「頑張ってらな」と言ってくれました。
寝具やどんぶく(綿入れ)、座布団、のれんなど、今、泰山堂にある布物は私の手作りです。

友達と二人で縫い物
アメリカのニュースと洋画、音楽が楽しみ
「日本もいつかこうなるな」と話していた

■

結婚し家計担う

「お告げ」通りに結婚

夫の藤井直市は角館高校の同級生です。高校時代の印象は頭が良くておとなしい人。とっつきにくいというイメージもあり、特別仲が良かったわけではありませんでした。

高校を卒業してから私は、角館の呉服屋の仕事を引き受け、実家で和服の仕立てをしていました。夫は父親と一緒に農業をしていました。義父は手先が器用で大工の仕事もしていて、夫もそれを手伝っていました。

なぜこの人と結婚すると決めたのか、今となってはよく覚えていません。最初は夫の方から声を掛けてくれたような気がします。

不思議な話があります。高校を出て三年ぐらいすると、私は仕立て賃が高い東京に行って仕事をしたいと思うようになりました。すると母は「あの人の言うことはよく当たるから」と、大曲の知らないおじいさんの家に私を無理やり連れて行きました。予言者、それとも占い師とでもいうんでしょうか。昔はそんな人が結構いたようです。

おじいさんは私を見るなり、「この人は気が強過ぎて、東京に行ったら生きて帰ってこれない」「南東の方からもらいたいという人が来たら嫁に行け」などと言います。母はそれを信じたようで、結局東京行きは実現しませんでした。

それから少しして、結婚の話が持ち上がりました。夫の藤井の家は西木村小渕野（現仙北市西木町小渕野）の後《うしろ》川《がわ》落合《おちあい》という集落にあります。何と、私の実家の南東四キロです。それまで「早く嫁に行け」なんて一度も言ったことがなかった父もどうしたわけか、「あそこはいい集落だから行け」と言います。

それほど乗り気ではなかったのですが、あのおじいさんの言葉は神様のお告げかなとも

23歳で結婚＝昭和47年11月

思い、結婚を決めました。式を挙げたのは昭和四十七（一九七二）年十一月七日、二十三歳でした。いい人に巡り会えたと思います。やっぱり縁があったんでしょうね。

「キジも鳴かずば打たれまい」と母は言う

そういうもんだと思って嫁いだ

嫁ぎ先にすぐなじむ

嫁いだ藤井家の義父直治は面白い人でした。気が合うので、私もすぐ家になじみました。北陸・金沢に行った新婚旅行から戻ると、牛小屋が空っぽになっていました。堆肥を作るために、黒い牛を一頭飼っていたのです。義父に「牛どうした」と聞くと、ぼそっと「うちに来る嫁が『牛が嫌いだ』と言うから売った」。

小さい頃追いかけられて怖い思いをしたことがあり、牛が嫌いなのは本当です。丑《うし》年生まれなのにね。でも本人に向かって「嫁が」と言うのがおかしくて。よくよく聞くと、義父も夫の直市も牛を飼うのをやめようとしていたようです。それを隠して私のせいにしたのでした。

こんなこともありました。夫が出稼ぎから戻ってきて「俺が稼いだ金どうした」と聞くので、私は「飲んで、食って、トイレの中にある」と答えました。たくさん食べて、みんな元気に暮らしているよというつもりで。それを聞いた義父は「それが一番大事だな」と笑っていました。

　ある日、茶わんを洗っていると、夫が風呂場から「けい、パンツ持ってこい」と叫びます。手を止めて持っていこうとしたのですが、義父は「働いている者を使うな。裸で取りに来い」と夫に言いました。小さい頃から、男の人の言うことは聞くものと育てられた私はびっくり。おかげで随分気が楽になりました。

　秋の農作業も楽しかった。田んぼは二町二反（約二・二ヘクタール）ありました。実家の倍ぐらいの広さです。近所の農家三軒と共同でコンバインを買って、合わせて十二町歩（約十二ヘクター

家族や親戚と田沢湖へドライブ（前列左端）。後列左から義父、夫、義母

ル）ぐらいの稲刈りを一緒にやっていました。私はもみがいっぱいになった袋をコンバインから降ろして、トラクターの荷台に積む係。一袋三十五キロ近くありました。一服する休憩時間のおしゃべりや、稲刈り作業が終わった後の旅行を通して、近所の人たちともなじむことができました。機械化が進み農家が楽しかったです。

地域の人たちとコミュニケーションが取れたことで

世界が広がった

蜂の巣会で集落団結

嫁いだ後川落合集落では義父の世代、義母の世代それぞれに集まりがあって、二人ともよく出掛けていました。若い世代に声は掛かりません。「私たちも時々集まりたいな」と、田植えの合間に近所の嫁同士で話し合っていました。

一人で家を空けるのは気が引けるので、旦那や子どもも一緒に参加することにしました。昭和五十一（一九七六）年六月二十九日、集落の会館に初めて集まりました。夜に開いたので、もちろんアルコール付き。

夫たちは稲作や農機具の情報交換、私たちは日頃の鬱憤《うっぷん》晴らしを兼ねたおしゃべりや、いろいろな相談事。走り回って遊ぶ子どもたちがとにかくうるさいので、会の名前は「蜂の巣会」に決まりました。

集まりは月一回。他にも、どこかの家にお嫁さんが来ればお祝いしたり、敬老の日の頃には敬老会を開いたりします。積み立てをして年に一度は旅行にも出掛けます。農協の漬物コンクールに出品したこともありました。多い時は十二家族が集まっていました。行き当たりばったりな活動かもしれませんが、できることをみんなで楽しみ、互いの結び付きが強まりました。

朝起きない次男を「朝ご飯抜きだ」と叱ったことがあります。すると次男は「うちの母さん、ご飯食べさせてくれないから、食べさせて」と会の人の家に行って、ちゃっかりご飯を頂いてきました。集落全体が家族のようで、子どもたちを外で遊ばせていても何の心配も要りません。まさに遠くの親戚より近くの他人です。

会の人たちは泰山堂のお客さんにも優しいんで

蜂の巣会のメンバーと敬老会で手踊り（右）＝平成5（1993）年ごろ

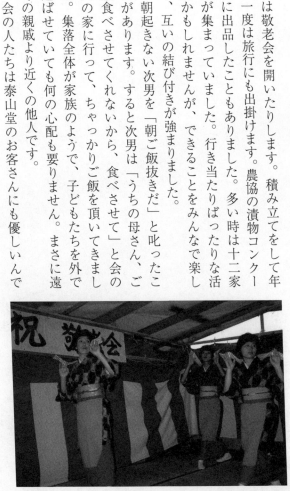

す。散歩に出掛けたお客さんがご飯の時間になっても戻らないと思ったら、お茶をごちそうになっていたり、畑で話し込んで野菜をもらってきたりすることもしょっちゅうです。

蜂の巣会は今も毎月二十九日に開いてます。五家族になりましたが、にぎやかにやっています。年一回の旅行も続いています。

思い付きばかりの活動だったが
協力し合ってできたこと
「楽しかった」の一言

三十歳で家計任される

昭和五十五（一九八〇）年の春、私たち夫婦に家計を任せたいと義父直治から相談を受けました。父親を早くに亡くした義父いわく「俺は六歳の時に藤井家の当主になった。もう飽きた」。夫の直市は私に「俺は一生懸命働く。お前が家のことを見るように」と言います。

当時は、一家のあるじである男の人が家計を握っているのが当たり前。とてもできないと思って、義父を説得するよう実家に頼み込みました。

実父が「まだ娘にかまど（家計）を渡さないでくれ」と話してくれたのですが、義父は「できるかどうかはやってみなければ分からない。やれなかった時は戻せばいい」と聞き入れません。結局私にお鉢が回ってきました。三十歳の時です。

引き受けてはみたものの、家計は首が回らない状況でした。耕地整理の負担金や保険の掛け金などが多かったためです。幼い長男と次男の育児と、結婚前から続けていた和裁をこなしながら、どうしたらいいものかと日々悩んでいました。

ある日、義父が「これを足しにしろ。返してもいいし、返さなくてもいい」と言って、通帳とはんこを渡してくれました。年金やへそくりだったんでしょう。春頃からコメの前渡し金が入ってくる七月までは特に余裕がなく、どうしても必要な分は使わせてもらいました。

必ず返すと決め、節約に努めました。切り詰めたのは食費です。ぜいたくをしていたわけではないので、削れるものは食費しかなかったのです。畑に何でもかんでも植え、山菜を採りに行っておかずにしました。砂糖や小麦粉などを買ってきて、子どもたちのおやつはほとんど手作り。おやきや大福に使う小豆ともち米は自家製でし

仙北市西木町の自宅

た。

二年ほどして、通帳の残高は義父から渡された頃と同じ額に戻りました。「ありがとうございます」と頭を下げ、通帳とはんこを返却しました。

義父は「いらない」と言ったが

本当に「ありがとう」と返したかった

「わらび座」と出合う

うちの近くに劇団わらび座があります。昭和二十八（一九五三）年ごろ神代村《じんだい》（現仙北市田沢湖）に移ってきたそうで、昔は民族歌舞団と名乗っていました。

学校を回って歌や踊りを披露していて、私が通う西明寺中学校にも来たことがあります。野良着を着た踊りは、農作業をしている母親の姿と重なりました。一生懸命な様子が同じだと感じたんです。

次にわらび座と出合ったのは五十五年。長男が入学した神代小学校には、わらび座で暮らす同級生が何人かいて、ＰＴＡでお父さんやお母さんと顔を合わせたのです。男親がＰＴＡに出席するのは意外でした。大概は母親かおばあさんが出ていたからです。

驚いたのはお母さんたちが自分の意見をはっきりと言うこと。小さいころから母に「『キジも鳴かずば打たれまい』を、よく覚えておけ」と教えられていました。あれこれ言われるから、女は余計なことを話すなということです。お母さんたちの態度は私にとってカルチャーショックでした。

学校行事などで顔を合わせると、私から話し掛けるようになりました。お母さんたちは耳を澄ませて話を聞いてくれます。そして私が何を言いたいのか、どんな返事をしたらいいのかを考えてからゆっくりと、目を見て話し始めるのです。

お母さんたちの言葉は心に染み入るような気がしました。男性も女性も関係なく、正しいと思うことを話せば受け入れてもらえるんだ―。話をしていて新鮮な感覚を覚えました。

それから時々、わらび座を訪ねるようになりました。買い物帰りに立ち寄り、喫茶室でコーヒーを飲み、二、

仙北市の劇団わらび座

三十分くらい本を読んだりしてね。楽しい息抜きの時間です。一杯三六〇円のコーヒーはちょっと高いと思いましたが、和裁の仕立て代を寄せて（ためて）おきました。いつも一人でいるから、わらび座の人たちが声を掛けてくれました。

わらび座の人たちは
「精神的欲を求めて入団した」と話していた
「共産党は赤」と言われた時
私は「ピンクになる」と言って通った

■

東京の中学生との出会い

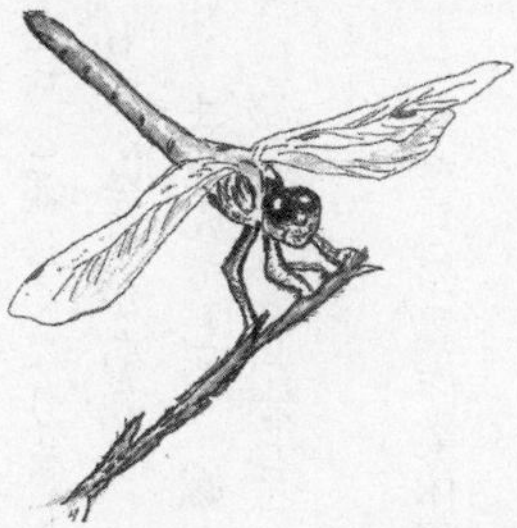

修学旅行生受け入れ

時々わらび座を訪れるようになって、一年もたつと、劇団の人たちと親しくなりました。わらび座の人たちは全国から集まってきていて、その話にはいつも何か発見がありました。楽しいわらび座通いだったのですが、家族は誰もそのことを知りませんでした。嫁が一人で喫茶店でコーヒーを飲んでいるなんてあまり良く思われないと考えて、十五年近く内緒にしていたのです。

昭和五十六（一九八一）年の秋、「修学旅行でわらび座に来る子どもたちの農作業体験を受け入れてもらえないか」と頼まれました。

わらび座は五十二年から首都圏などの学校の修学旅行生を受け入れています。生徒はわらび座に泊まり、日中に近隣の農家を訪れます。予定していた農家の一軒に不幸があり、ピンチヒッターとして声が掛かったのです。集落をはじめ地域以外の人たちと触れ合うことで何か得るものがあるんじゃないかと思い、夫と相談してOKしました。

やって来たのは都内の高校の男女五人。自宅脇の畑の野菜を取ってきてもらおうと、取りあえず包丁を渡しました。

すると女の子の一人が「わー、怖い。持ったことないです」と叫びます。一緒にご飯を食べていると、その子は「ナイフとフォークはないんですか？」。普段どんな生活をしているのか尋ねると、自宅にメイドさんがいる「お嬢さま」でした。

他の生徒はそのお嬢さまに気を使っているようで、あまりいい雰囲気ではありません。農作業にも興味がないように見えました。一日一緒にいて様子を見ていたのですが、「都会っ子はこんなものなのかな」という感想し

自宅敷地内の畑＝令和3（2021）年5月24日

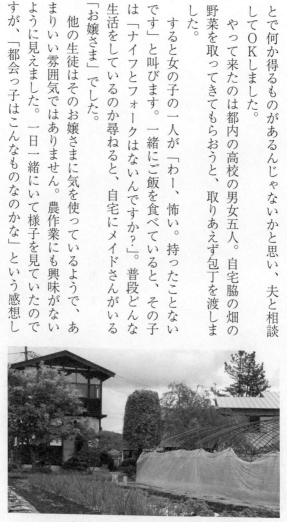

か残りませんでした。テレビの中の世界ですね。

後日わらび座で、受け入れ農家が参加し、報告会のようなものが開かれました。楽しいと思えなかった私は「来年もう一回やってみて、駄目だったらやめます」と言いました。

父は「四十年かけて花を咲かせた」と興奮していた

一年でやめるわけにはいかなかった

中学生の喜びに感激

翌昭和五十七（一九八二）年十月にわが家で農作業を体験をしたのは、東京・町田市の和光中学校の生徒たち。男二人、女三人の班を二日間受け入れ、稲刈りと野菜の収穫をしてもらいました。この時の和光中の修学旅行は確か総勢百六十人でした。二十六軒の農家に分かれて農業体験をするのです。

前の年はいまひとつ楽しくなかったので、私たち夫婦は「けがをせず無事に過ごしてくれたらいい。今年もよくなかったら、もうやめよう」と、それほど期待はしていませんでした。

ところが予想に反して、子どもたちとの触れ合いは楽しいの一言。前年の高校生に対し、中学生だったからでしょうか、対面した瞬間にかわいいと感じました。農作業初体験への不安がひしひしと伝わってくるし、カエルやヘビを見つけてはキャーキャー騒ぐし、とにかく素直です。

食事は塩結びと少しのおかずだけ。それでも「おいしい、おいしい」と食べます。「これ、何の味付けですか？」と塩結びを九個平らげた小柄な男の子。「ご飯と塩だけだよ」と言うと目を丸くしていました。トウモロコシとエダマメも好評。時期を遅らせて植えたから旬ではないのですが、自分たちで収穫したものは格別だったのでしょう。

子どもたちはここの自然環境の素晴らしさ、食生活の豊かさを、私たち夫婦に改めて気付かせてくれました。この思いが農家民宿を始めようと決意した根底にあります。

生徒たちは私たちを「父さん、母さん」と呼んでいました。学校でそう呼ぶよう指導していたら

和光中の生徒たちと自宅玄関でおやつ。左端は夫＝昭和57年

しいのです。「藤井さん」ではないでしょうしね。当時八歳と四歳だった二人の息子は、お兄ちゃんとお姉ちゃんが来たようで、大喜びでした。

修学旅行の最終日に、わらび座でお別れ交流会がありました。子どもたちは「秋田の父さん、母さん、ありがとう。もっと農家にいたかった」と泣くんです。感激と満足感でいっぱいになりました。

何もない村だと思っていたが
「あることに気付いていない村だ」と
都会の子たちは言った

和光中に招かれ上京

たった二日間の農作業体験でしたが、和光中学校の生徒が帰ると、寂しさで胸に穴があいたようでした。一方で「あの子どうしているかな」「あの時こんなだったな」と、和光を話題に家族の会話が増えました。

和光の生徒たちも同じで、秋田での出来事を楽しそうに話していたそうです。親御さんから「おにぎりを九個食べたそうですね。こんなにたくさん話をしてくれるなんて信じられません」「秋田から戻ってきて、うちの子は変わりました」といった手紙や電話をもらいました。

翌月、和光の文化祭に招待され、わらび座の人や受け入れ農家の人たちの合わせて六人で上京しました。わが家に来た子どもたちは「母さん、会いたかった」と叫んで抱き付いてきます。あの温かい感触は今でもはっきり覚えています。また、自分から離れてよその人に泣いて抱きついていくわが子を見て、ぼうぜんとしていた母さん方の姿―。

生徒たちに校内を案内してもらい、先生や親の会の人たちともいろいろ話をしました。その日は生徒の家に泊めてもらい、ご両親と子どもと秋田の話で盛り上がって。その後も何度か和光の行事に呼ばれています。

あれから毎年のように和光の生徒を受け入れていきます。「よく続くね」と周りは言いますが、そんな時は「盆来て、和光来て、正月が来る。年中行事だから」と笑います。長年交流していると、春休みや夏休みに個人的に遊びに来る人も増えてね。親子じゃなくて、親同士とか子ども同士とかで。来れば、うちに泊めていました。

初めて和光中を訪れた時、反省したことがあります。

和光中文化祭の合唱ステージ＝昭和 57（1982）年

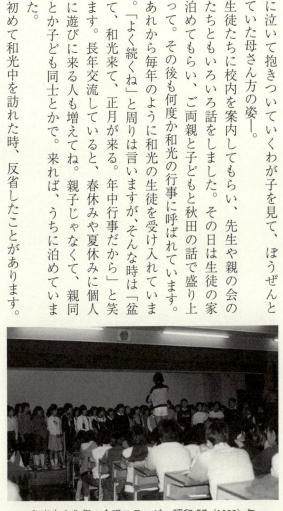

生徒たちに抱き付かれてかわいいなあと思った瞬間、私は自分の子どもたちをかわいがっているのだろうかと思って。叱ってばかりだなあって。

東京から戻ってきてすぐに、二人の息子を抱っこしました。和光中の生徒と同じように温かかった。その後も抱くたびに、申し訳なかったなと、心の中で謝りました。

いつでも手をいっぱい開いています
私の胸で泣いて話して
帰って行った子が何人かいます

怖くなり、和裁やめる

高校を卒業してから始めた和裁は、昭和四十七（一九七二）年に結婚してからも続けていました。嫁ぐ時、「二足のわらじを履け」と母ミキ子から言われたからです。晩のおかず代と子どもの小遣いぐらいでいいから、自分で使える金を稼ぐようにという意味です。「夏は百姓、冬は和裁」という生活が始まりました。独身時代と同じように、角館にある呉服店の仕事を引き受けていました。一日に一着、多い時は一冬で六十着ぐらいは作っていたと思います。数をこなせば要領を覚え、仕事が速くなり、技術が上がってきているのを実感できました。頼まれる仕事の量も増えてきて、夜になっても仕立てていました。

仕事が終わるまで私の周りには反物や道具が置いてあり、子どもがそばに来ると邪魔で追い払っていました。「母さんが毎日仕事しているの嫌だ」と、次男がはさみで仕立て中の着物を切ってしまったこともありました。二人の子どもには寂しい思いをさせていたんでしょう。当時は気付きもしませんでした。

後になって、長男は普段から衣類をきっちり畳むと知りました。「子どもの頃、布が広がっている間は母さんが仕事で相手してもらえなかった。畳んで寄せたときにようやく、俺の母さんになった」。そんな思いが生活習慣に表れたようです。

少しでも生活の足しにしようと続けてきた和裁ですが、次第に反物にはさみを入れるのが怖くなってきました。

普段着の安い着物がどんどん減っていく一方で、高価な訪問着などの注文は年々増えてきました。当然材料も高くなり、八十万円、九十万円するような反物を扱うことになります。もし失敗してしまったら、弁償なんてとてもできないと思う

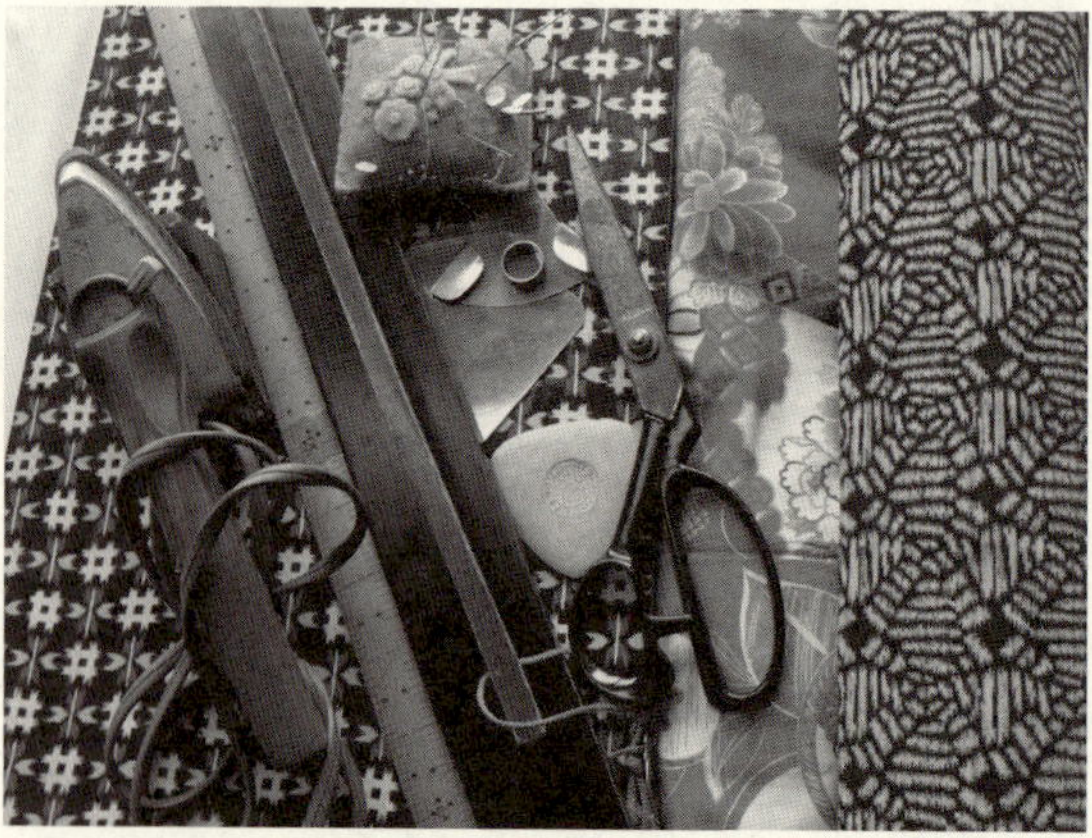

長年使っている和裁道具

と、もう怖くて怖くて。

大げさかもしれませんが、ふと「この絹を作るのに何匹の蚕が犠牲になっているんだろう」と考えたりして。しまいには、はさみを持つ手が震えてくるんです。

もう潮時だと思って、二十五年も続けてきた和裁の仕事はすっぱりとやめました。泰山堂がオープンする三年前、平成五（一九九三）年のことでした。

嫌なことはやめても
身についた業は残っている
母は笑っていた

忘れられぬ鳥取砂丘

私が家計を預かった昭和五十五（一九八〇）年、夫の直市から「四国の人は四十二歳の厄年を盛大に祝うそうだ。俺も何かやりたいから金ためておけ」と言われました。東京の出稼ぎ先で四国の話を聞いたようです。最初は余裕なんてなかったけれど、バブルの好景気で出稼ぎの給料が上がったこともあり、少しずつ貯金に回すようになりました。

数え四十二の平成三（一九九一）年になっても、夫はやりたいことが見つからず、使い道も決まりません。ですから二、三年たっても貯金は手付かず。「通帳に入れておいても仕方がない。ええい、使っちゃえ」と夫婦で決めました。

車を買い、息子のパソコンを買い、反物を買い──。最後に残ったのは五十万円。そのお金で六年九月、夫と五泊六日の山陰旅行に出掛けました。

鳥取砂丘では観光客が楽しそうに遊んでいました。雪遊びのようにビニール袋を敷いて砂山を滑り降りたりしてね。「この人たち、何でこんなにいい笑顔なんだろう。何もない砂丘で」とその様子を眺めていました。

砂丘から宿に向かう電車の中で夫が「田んぼがあって、堰《せき》があって、山があって。鳥取砂丘よりうちの方がいろいろあるよな。何かできないかな」とぼそりと言います。

そうだよなと思いつつ、何となく天井を見上げたら荷物棚にある新聞紙に気が付きました。女優の浜美枝さんの写真が載っています。旅行から帰ったら出掛ける予定だった県の農山漁村生活研究グループ協議会の催しで、浜さんが講演することを思い出し、棚の新聞を手に取りました。浜さんは農業や農村、食の問題にも詳しい方で、田舎や田舎料理の素晴ら

旅行で訪れた鳥取砂丘を歩く＝平成６年

しさがつづられていました。オープンして数年後に、泰山堂に立ち寄ってくれました。
二十五年続けた和裁をやめ、ちょうど次に挑戦するものを探していました。その記事を読んで「待てよ、何かできそうだな」とぼんやりと思いました。

アメリカやヨーロッパへも
行けるかな、と

■ 新たな夢へ歩む

やっと見つかった夢

鳥取旅行から戻って数日後、秋田市で開かれた県農山漁村生活研究グループ協議会の催しに参加しました。

楽しみにしていた浜美枝さんの講演のテーマは「日本の美しい暮らし」。浜さんはヨーロッパの農家民宿を紹介してくれました。都市部の人が休暇を利用して農村を訪れ、農家の家屋を改造した小さな宿に滞在。農家には副収入が入るそうです。

浜さんは都会の人が農村に何を求めるのか、どれくらいのサービスで満足してもらえるのか、農家と旅行者はどんな交流をしているのかなど、一つ一つ丁寧に説明しました。聞いていて、わが家で受け入れている修学旅行生の農業体験と重なる部分が多いなと感じました。

引かれたのは副収入。うちには東京の和光中学校の家族が時々遊びに来ます。普段より豪勢な食事を出して泊めて、帰りには土産を持たせます。ただ、家計的にはなかなかしんどい。まさか宿泊料を頂くわけにもいきませんし。農家民宿をやれば助かるなあと考えたのです。

ヨーロッパの農家民宿は何十年もの歴史があるといいます。「これは流行ではない」と直感しました。和裁をやめて次にやりたい何かを探していた私に、迷いはありませんでした。

家に帰ると義父が庭で盆栽の手入れをしていました。農家民宿をやりたいと話すと「やりたいならやれ。離れを建てればいい」とあっさりOK。実は和光中の家族が来て泊まると、いろいろ気を使っていたらしいのです。だから離れと言ったのでしょう。

次に夫に話すと、「それだったら俺もやりたい」。旅行好きの夫は昔から民宿経営がした

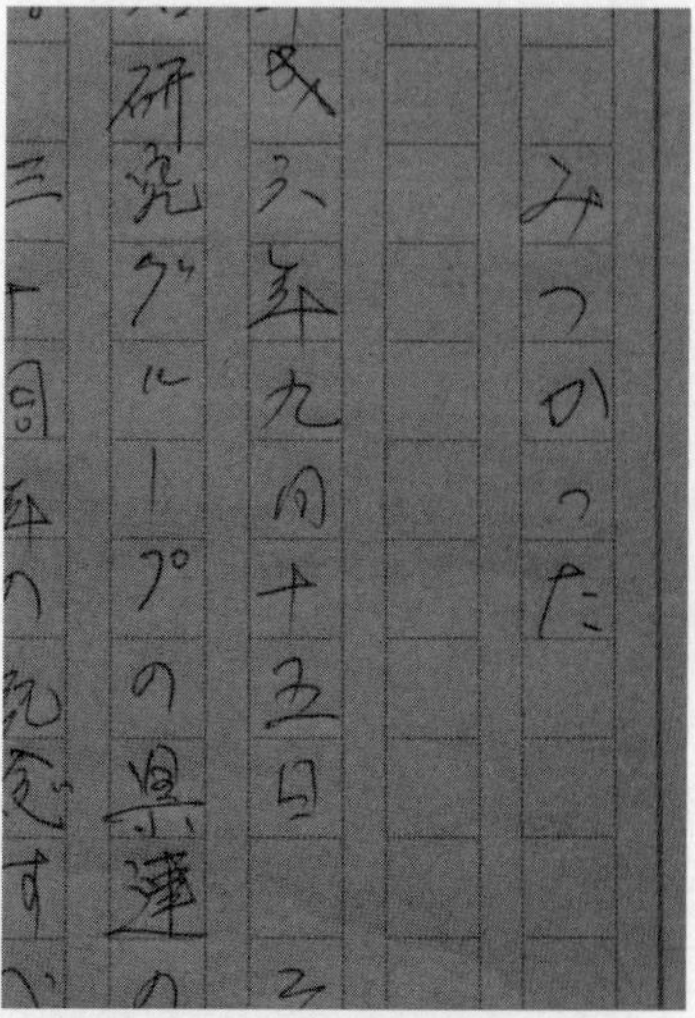

夢が見つかった喜びを原稿用紙に書き留めておいた

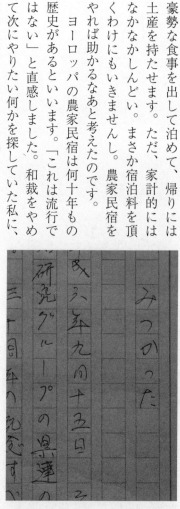

かったのです。出稼ぎ先の建設会社では大工をしていて、いつか自分の思い通りに家を建ててみたいとも話していました。

義母も二人の息子も賛成。農家民宿という夢が一気に動きだしました。

「企業を起こす時は、やめる時まで計画にいれておけ」と

夫が間取り図を描く

農家民宿という夢が見つかったものの、何をどうしていいものか見当もつきません。農業と和裁しか知らないのだから当然ですよね。家計を預かる身としては、税金のことも気になっていました。

最初に相談したのは、当時県立農業短大（現県立大）にいた青木辰司先生。グリーンツーリズムやクラインガルテン（市民農園）に詳しい先生です。平成六（一九九四）年の十月か十一月、秋田市で先生の講演を聴いた後、「農家民宿をやりたいんですけど、税金とかはどうなっているんですか」と思い切って尋ねてみました。

先生は税金に詳しい県農業会議の方を紹介してくれました。後日その方を訪ねると、税金以外に、必要な許認可のことも詳しく教えてもらい、道が開けてきたような気がしました。

許認可申請のために必要なものの一つが民宿の間取り図でした。そこでその年の十二月、夫直市の出稼ぎ先の東京に向かいました。出稼ぎ先の建設会社で大工をしていた夫は「思い通りの家を建ててみたい」と農家民宿に乗り気で、構想を練っていたからです。

神田の喫茶店で落ち合うと、夫は紙を取り出してササーッと二階建ての間取り図を描き始めました。一階の居間はいろり付き。火は煮炊きや暖を取るだけではなく、人の心を落ち着かせてくれるものでもあります。昔はどこの家にもいろりがあったので、「いろりは絶対必要だ」と夫婦で話をしていました。

図面を描き上げた夫は「都会の人が来るだろう

夫婦で絶対必要として設けた１階居間のいろり

から、遠くに来た感覚を味わってもらうように一階は純和風。見晴らしがいいように高さがある建物にして、二階は逆に自宅にいる感覚でくつろげる洋間にする」などと説明します。よっぽど真剣に考えていたんでしょうね。

完成した泰山堂は、ほぼあの時の間取り図通りです。私の希望は、南北に風が抜ける掃き出し窓でした。

家族みんなが一点をみつめて頑張った

関係者の支援に感謝

農家民宿を始めるには、旅館業法や消防法などに基づく基準をクリアし、さまざまな許可を取らなければなりません。泰山堂がオープンしてから「手続きが大変だったでしょう」とよく聞かれましたが、そんなに苦労した記憶はないんです。

資料を読んでも専門用語ばかりでチンプンカンプン。分からないことは無理して覚えようとせず、役所の人に聞きました。オープン前年の平成七（一九九五）年の冬は保健所や消防署などに足しげく通いました。

でも相談した人たちは困っていました。泰山堂は定員五人。民宿はいろんな所にあるけれど、泰山堂は小さ過ぎてどの基準を当てはめていいのか悩んだようです。質問すると分厚い本を開いて調べてくれました。おかげで必要なトイレの数や避難ばしご、非常口への誘導灯の設置基準などを知りました。

私自身が苦労したのは建設資金の捻出です。夫の厄年を祝おうとコツコツためたお金は、車や旅行でパーッと使っていました。農協で農業近代化資金を借りようと思っても、「民宿業だから農業と関係がない」と断られてしまいました。

困り果てて角館の農業改良普及センターに相談に行きました。すると所長さんが「減反で農家経営はもっと厳しくなる。減収を補うための民宿だ。（七年の食糧管理法廃止による）コメの流通自由化で、宿泊客にコメを買ってもらえばそれも収入になる」とアドバイスしてくれました。その通りに申請書を書き、再び農協に行くと、近代化資金を借りることができました。

「必ず夢をかなえる」と無我夢中で走りだしました

農家民宿を営業するための許可証など

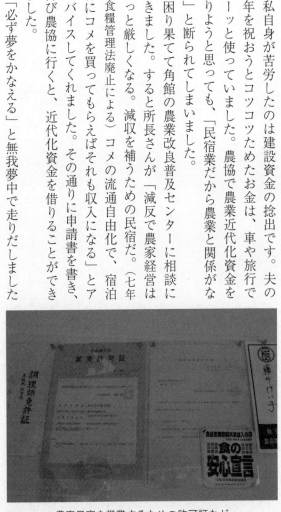

が、少したつと相談に乗ってくれる方々が「県内第一号の農家民宿を何とか成功させてやりたい」という思いで応援してくれていると気付きました。オープン二日前に経営許可書をもらうと、皆さんに電話で報告しました。ありがたくて涙が出て、家に帰っても泣いていました。皆さん、ありがとうございます。

何も事例がない中、なかなか進まない
役所の方に「背広とネクタイを取ってお話しよう」と言ったら
夜八時に電話をくれました
感動の一言です

一年二カ月かけ完成

泰山堂の着工は平成七（一九九五）年五月。二階建てで一、二階合わせて約八十平方メートル、二十五坪弱のこぢんまりした建物ですが、オープンまでは一年二カ月もかかりました。

夫直市は農作業の合間に作業小屋で部材を刻み、少しずつ建てていきました。建設費の足しにしようと、冬はいつも通り出稼ぎに行って。そんなだから完成まで長い時間がかかったんです。

大工仲間の何人かにも手伝ってもらったのですが、夫は今も時々「あの頃はくたびれた」と言います。それでも思い通りの家を建てたいと張り切っていて、どこかうれしそうでした。

泰山堂は私の名義です。三十歳の時から家計を管理していたし、何より農家民宿の言い出しっぺだったからです。夫の大工賃抜きで、総工費は八百五十万円です。うち五百万円が十五年償還の農業近代化資金。これも私の名前で借りました。農家民宿に使える補助金は、当時一つもありませんでした。

面白い話があります。民宿の地鎮祭の日、近くの家で葬式がありました。参列した集落の人が、うちの分家の母さんに「何の地鎮祭だ」と聞くので、彼女は「親と若夫婦が仲たがいして、別居するらしい」と答えたんです。

私にも聞こえていたけれど、冗談だと分かっていたので何も言わずにいました。でも近所の人は信じたみたいで。気を使ってくれたのか、建築している一年二カ月の間、建物については一切話題に上りませんでした。

後川落合集落に立つ泰山堂（中央奥）

オープン前になって初めて、「農家民宿を始めるので集落の人たちにもお世話になる。お披露目会をやるから、ぜひ来てほしい」と家々を回りました。みんな驚いて、喜んでくれましたよ。

残念なのは、「やりたいならやれ」と応援してくれた義父直治が建設中の七年九月に他界したことです。完成した泰山堂を見せてあげたかったなあ。原爆のことを子どもたちに話してくれていたのになあ。

義父との別れが悲しすぎた
行き詰まると祭壇の前に行って「じっちゃ、なんとひばえ（どうすればいいか）」と
語りかける

■ 愛される農家民宿へ

のんびり過ごす宿に

泰山堂のオープンは平成八（一九九六）年七月七日。浜美枝さんの講演を聴いて農家民宿をやろうと決めてからおよそ二年後です。その間、どんな民宿にしようか考えてきました。

結論は、とにかくのんびり過ごしてもらう宿でした。旅費をかけるのだから、名所を見て、いろんな名物を食べたいという気持ちは誰にでもあると思います。私たち夫婦も旅好きで、各地を巡っていました。

でも浜さんは、そこが日本と外国の観光の違いだとおっしゃっていました。外国では長期滞在し、過ごす時間そのものが大切だと考えられているそうです。日本でも都会の人たちにはそういう需要があるんじゃないかと思いました。ここは田んぼに囲まれた農村。のんびり過ごすにはうってつけの場所です。

だから泰山堂は一日一組限定。定員は五人ですが、一人だけでもいいんです。例えば二人と三人の二組が一緒にいたら、気を使って仕方ないですよね。建物も広くはないですし。誰にも気兼ねせず、ぼうっと過ごしてもいいし、近所を散歩してもいい。もちろん近くの田沢湖や角館に出掛けてもいい。

泰山堂の周りの一反歩（約十アール）ほどの畑では、好きなだけ野菜を収穫してもいいことにしました。種類を多く植えて、長く収穫できるよう植える時期をずらします。「なぜ代金をもらわないの」と聞かれることもありますが、喜んでもらい、泰山堂を宣伝してくれると思えば安いものです。それに「好きなだけ」と言うと、案外食べられる量しか収穫しないものです。

定員五人は、私一人でやれる範囲でもあります。義

田んぼに囲まれた後川落合集落

母が張り切って電話番をしてくれたので、大いにおもてなしができました。ただ、義母は秋田弁しか話せないので、すぐ私に代わりましたけどね。
農業があってこその農家民宿。お金もうけを考えて、お客さんをたくさん迎えたら、本業がおろそかになってしまうし、のんびりしてもらうことなんてできませんよね。民宿はあくまでも副収入として農家経営の一助になればいいんです。
「お客さんが来たら忙しく働くんでないよ
おらだバ（私は）忙しい所に行きたくない」と母の一言でした

よく来た、また来い

無理をせず、自然体で。これがお客さんを迎える時の心構えです。お手本は実家の母。盆や正月に泊まりがけで行くと、「よく来たな」と迎えてくれました。晩ご飯は決まって私が好きなナメタガレイの煮物。帰りは「みんなで食べろ」とお菓子や酒を持たせてくれました。近所の菓子屋のまんじゅうも必ず用意していました。これも私の好物。嫁いでも私は母の中にいつもいるんだなあという安堵がありました。だからお客さんへも同じように心がけています。私の心の中にはいつもお客さんがいます。

泰山堂第一号のお客さんは県立農業短大（現県立大）の青木辰司先生。「農家民宿をやりたい」と相談したのが縁で、秋田市で開かれる先生の講演会によく出掛けるようになりました。進み具合を伝えると、先生はいつも「僕が一番最初に行く」と話していました。

平成八（一九九六）年七月七日、先生が秋田と岩手の知り合いの方を連れてやって来ました。私は「あー、よぐ来たな」とあいさつし、建物の中を案内。第一号といっても、特別何かをしたわけではありません。先生はその日、泰山堂に私たち夫婦を呼んでくれ、夜遅くまでイギリスのグリーンツーリズムについて話し込みました。

帰り際には「気を付けて帰れな。また来いな」と声を掛けました。それ以来、どのお客さんも同じように送り出します。お客さんは「また来るから元気でな」と返してくれます。

泰山堂を始める時、年二百四十人の宿泊を目標にしました。掃除や寝具の洗濯などに使う私の時間から人件費を計算し、これぐらい利用してもらえば採算が合うと考えたんです。オープンから一年間は目標の倍近い延べ四百四十人で、ほとんどが視察を兼ねた宿泊で

快適に過ごしてもらおうと、掃除には気を使う

した。バスを仕立てた日帰りの視察もあったりして、少なくとも千人以上はここに来たように思います。あの頃は疲れましたね。

長男が生まれた頃、つらくて子どもを背に一度だけ実家に向かいました
こんな姿を母に見せたくない、とためらい
同級生が働くガソリンスタンドに寄った時のことです
帰り際、無口なその人から「また来い」と一言をもらい
気を取り直して家路に就くことができました
私の大事な言葉です
いつもお客さんに「また来いな」と声を掛けています

名付け親は丸木先生

泰山堂という名前は、有名な教育評論家の丸木政臣先生（故人）が付けてくれました。玄関に掲げた大きな木の看板も先生の揮毫《きごう》です。

うちでは昭和五十七（一九八二）年から、東京・町田市の和光中学校と交流を続けています。学習旅行で来た生徒たちに農作業を体験してもらうのです。都市と農村の交流の場である農家民宿をやろうと思ったのは、和光中の存在を抜きには考えられません。

農家民宿の名前に特別なこだわりはありませんでした。でも和光中の人に付けてほしくて、オープン前年の平成七（一九九五）年、学校に電話でお願いしました。「看板の板を送ってほしい」と言われ、出稼ぎで東京に行く人に届けてもらいました。その人も農作業体験の受け入れ農家で、出稼ぎのたびに和光中に立ち寄っていたからです。

少しすると、丸木先生から電話がありました。先生は当時、和光中を運営する和光学園の園長さん。生徒に付き添って、うちに来たこともありました。

電話で「片仮名がいいか、漢字がいいか」と聞かれました。民宿やペンションは片仮名が多い印象だったので、逆に「漢字でお願いします」と言いました。看板は翌年の春、板を預けた人が持ってきてくれました。

和光中の人ならどなたでもいいと考えていたので、まさか園長さんが考えてくれるなんてと、驚きました。恐れ多くて、泰山堂の名前の由来を丸木先生に伺ったことはありません。

オープンして間もない頃、中国のお客さんが「なぜ、僕の家の後ろにある山の名前が付いているのか」と聞いてきます。「それってなあに」とこっちから尋ねると「泰山は日本でいえば富士山ぐらいに有名な信仰の

丸木政臣さんに揮毫してもらった看板

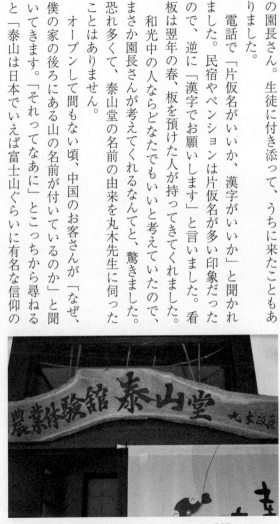

山だ」と教えてくれました。ありがたい名前なんだと知り、名付けてくれた先生のためにも頑張らなければならないと改めて思いました。

丸木先生を知っている方は、直筆の看板に驚いています

食事提供の許可取る

オープン当時の泰山堂は自炊スタイルで、食事は提供していませんでした。食事を出すには厨房《ちゅうぼう》の造りなど、いくつも基準を満たさなければならなかったからです。

でも、泰山堂のミニキッチンで食事を準備するのはたいがい女性のお客さん。せっかく旅行に来たというのに、これではかわいそうです。こっちとしても、漬物一つ、お茶一杯出せないのがつらいと感じていました。

そこで食事を出せる許可を取ろうと、泰山堂の玄関の真ん前、母屋の一角に専用の厨房を整備することにしました。元々は冬に使うまきを置いていた土間です。厨房の広さは三坪（約十平方メートル）、洗い流せるように床はコンクリートにして、シンクは二つ必要なことなどを保健所に教えてもらいました。改築したのはもちろん夫です。オープンから一カ月余り、平成八（一九九六）年のお盆の頃に完成しました。

「きょう何作ろうか」と、メニューを考えるのは楽しいことです。どこの食堂にもある丼物や定食などは出しません。全てとはいきませんが、できる限り地元の食材を使い、わが家の味付けで提供します。夕食だとお膳二つに、十五品以上付けます。自炊を希望するお客さんは年に一組ぐらいです。

自宅の台所で作った料理は提供できませんが、厨房で作ったものは私たち家族が食べても構いません。泰山堂の定員は五人と少ないので、初めのうちは家族の分も一緒に作っていました。お客さん用の手の込んだ料理を家族にも食べてほしいと思ったのです。

ところがこれは長続きしませんでした。旬の野

食事を提供するために整備した厨房

菜や山菜を味わってもらうため、時期によってメニューは似通ってきます。多くのお客さんは一泊二日で、連日同じ料理を作っても構いません。でも家族は同じメニューに飽きてしまって。結局、別々に作るようになりました。

厨房ができても、自分が料理に無知であることにあきれた勉強と称して外食し、本やテレビでも学んだ

そして、ゆっくりと支度するのが大事でした

便利なあずまや完成

泰山堂の脇に、ログハウス風のあずまやがあります。テーブルとベンチが据え付けられ、八人座れます。テーブルにはレンガを積んだバーベキュー用の炉があります。

泰山堂オープンの平成八（一九九六）年、お客さんが一階居間のいろりで焼き肉をしたことがありました。二階の押し入れの布団にまで臭いが染み付いてしまい、参りました。外で焼き肉をしたいお客さんもいるだろうと、農業用のパイプハウスにブルーシートを掛けて、急ごしらえのバーベキュー用スペースとしました。でも、あまりにみすぼらしくてね。「これは駄目だ」と、夫直市があずまやを建てることになりました。

実は泰山堂を建てるとき、夫はログハウスも検討していたそうです。でも田んぼに囲まれたここの風景になじまないと、和風の外観にしました。小さなあずまやならそれほど違和感はないだろうということになりました。左官屋さんに炉を頼んだ以外は全て手づくり。

完成したのは翌年の初夏でした。

バーベキューをするお客さんは思っていたほど多くありませんでしたが、夏は朝食を外で食べたいという人が結構います。コーヒーを沸かしたお客さんから「一緒に飲もう」とあずまやに誘われることもあります。

泰山堂は農家レストランもやっていて、そのお客さんもあずまやを利用します。レストランは宿泊がない日に開店。予約制です。料理はその時手に入る食材で私が作りますが、木曜と日曜は洋食のコース料理にしています。長男の親友で、近くに住むシェフが腕を振るいます。

あずまやは、友人や近所の人など不意のお客さんを迎える時も重宝しています。土が付いた野良着の

使い勝手の良いあずまや

ままでも接待できるのでとにかく楽。夫と二人で農作業の休憩用に使うこともあります。
風と季節の香りを感じてお茶を飲むと、幸せだなあと感じます。至福のひとときです。

外で食べると量がすごい
居心地がいいということですね

常連客は「西木病」？

オープンから二十五年以上たちました。泰山堂のお客さんは八割がリピーターです。初めてのお客さんも、次は家族や知人を連れて来ます。

四十回来たのは埼玉の六十代の男性。現役時代は商売で全国を回っていた方で、雑誌を見て来てくれました。初めて来たのは二十年以上前。「全国を旅しているが、ここが一番。ほかの旅館では食べられない料理が出てくる」と言います。

立教大学観光学部の村上和夫先生のゼミは、オープンした年から旧西木村（現仙北市西木町）を訪れていました。「西木が開けている」と言われるのは、このゼミのおかげです。滞在型観光の現地調査が目的で、年一回の調査は二十年続きました。

ゼミ生だった人の中には、「一回来れば一週間ぐらい泊まる。だから宿泊日数は私が一番」と言う女性もいます。彼女は大学院に進み、そこを出てからは年に何度も来ます。「一人で寝るのは嫌だ」と、泰山堂ではなくわが家に泊まり、ご飯の支度や農作業など何でも手伝ってくれます。社会人になった彼女から宿泊料をもらったことはないんです。家族の一員のようで、お客さんとは言えないかもしれませんね。

仙台の四人家族は十七年前からの常連さん。子どもさん二人は進学や就職で仙台から離れて暮らしています。時々泰山堂に一家が集まります。二泊ぐらいするとここで解散し、それぞれ住んでいる所に帰っていくんです。ここは帰省先ともいえるのかな。

西木には今、農家民宿が五軒あり、それぞれに常連さんがいます。誰が言ったかは分かりませんが、ここには「西木病」という病気があるそうです。治療費は高いけれど、そこで療養すればすぐに治る――。

1階居間のぬれ縁。ここに座ってのんびりする客も多い

解説すると「都会に戻って疲れると、高い旅費を払ってでもまた来たくなる。西木で過ごすとあっという間に元気になり、また頑張れる」という病。そんなふうに思ってもらえて、ありがたくうれしいことです。

私にはこのぬれ縁に人と二匹の猫が見える
3・11の震災の年、私からのはがきが五十日かかって届いたと、大事に持ってきたのは福島の役所の女性だった
あまり話せなかった、ずっと泣いていた
夜、「やっと声を出して泣いた」と言い、翌日は「頑張るぞ」と帰っていった
このお客さんと意気投合していた、二匹の亡き猫も

イラストで意思疎通

泰山堂には外国のお客さんもいらっしゃいます。アメリカ、イギリス、フランス、韓国、中国――。これまで二十カ国ぐらいからは来られたと思います。

不安だったのは言葉。日本人と一緒だったり、留学経験があったりして、日本語で話せるお客さんが多いのですが、そうではないグループもいます。

初めのうちは、紙にイラストを描き、ジェスチャーを交えて意思疎通を図っていました。「朝ご飯は八時でいいですか」と聞きたい時は、お日さまとご飯、時計の絵に「8：00　OK?」と書きます。必ず通じます。散歩で迷ったときのために「泰山堂へつれて行って下さい。お願いします。わからなくなりました」と書いた紙を持たせたこともあります。

それでもだいぶ慣れました。中学、高校で習った英単語でも意外と通じます。韓国からの年配のお客さんとは漢字で筆談しました。中国のお客さんはうちの猫がお気に入り。

添い寝までして、ついには話し掛けると「ニャー」と返すほどになったんです。猫にできるんだから、人間だってできるはず。目を見て何かを伝えようとすれば、分かってくれるものです。

外国の方がなぜこんな田舎に来るんだろうと思い、ロシアのお客さんに聞いたことがあります。彼は「日本の田園風景を見たいから来た。ここが一番だ」と片言の日本語で話していました。西木を褒めてもらい、誇らしい気持ちになりました。

タイのお客さんにはショックを受けましたね。料理を出しても箸でつつくだけで、食べないのです。口に合わないのかなと思い、東京のタイ料理店に出掛けてみると、テーブルには味を調整するための唐辛子と酢と砂糖が載っていました。

タイ人の店員さんは「タイは暑いから、辛さ、酸っぱさ、甘さが必要」と言います。そ

初めの頃はイラストを書いて外国人と対話

の後、泰山堂でタイのお客さんに唐辛子、酢、砂糖を出してみると、残さず食べてくれました。

授業中の落書きは、後に役立っています

■

広がる世界

各地を巡り事例発表

泰山堂のことを話してほしいと、講演会に随分招かれました。講演と言っても、事例発表のようなものです。一年目は視察に来る人が多くて私が出向くことはありませんでしたが、二年目からはぐっと増えました。

初めの頃は、ほとんどの人が農家民宿というものを知りません。百姓が小さな宿を建て、お客さんを泊めてお金をもらうー。えたいの知れないものだったに違いありませんが、聞きに来る人は多かったですよ。

農家民宿を始めたきっかけや取らなければならない許可、経営状況などを話します。原稿は持ち歩きません。原稿を見ないで話す方が、皆さんが何を聞きたいのかくみ取れるからです。

農家民宿に興味があり、熱心に話を聞いてくれるのは女性です。講演では「家事はお金に換算されませんが、民宿の仕事は同じことをしていても数字として見えてきます。それにもまして、お客さんから感謝の言葉をもらうと、やる気が出てきます」と話します。

男性にはこう呼び掛けます。「生き生きした奥さまの姿を見ると、ご主人は協力してくれるようになります。共通の話題が増えますよ」

よく聞かれるのは、どれぐらいもうかるのかということ。「うちにまとまったお金が入るのは、コメの前渡し金が出る七月と精算する秋です。農家民宿のもうけは少ないですが、常に現金が回っているので家計のやりくりは楽になりました」と説明します。

時間をどう割り振りすれば、農家の主婦が民宿をやれるのかという質問も多いですね。「お客さんが多

農家民宿をテーマに講演＝平成10（1998）年

いと手が回らないから、うちは一日一組で定員五人。普通の旅館と違って、毎日来るわけではないから大丈夫」と答えます。後日、「オープンしました」と便りをいただくのはうれしいものです。

最近は発表の機会はありませんが、十年前ぐらいまでは県内外に出掛けました。一番大きかった会場は東京の九段会館。海外からの参加者も多く、三カ国語で同時通訳されました。最後のあいさつで必ず言う「おざってたんせ」は訳に苦労したようです。

壇上に立つ私は私でなかった
だから、緊張したことはない
ただ一度、母校の中学校で話した時は震えてしまった

料理サークルを開催

泰山堂のお客さんに食事を出すために造った自宅の厨房で、二カ月に一度、料理の講習会を開いています。メンバーは女性十四人で、ほとんどが農家。仙北市内のほか大仙市や秋田市からもやって来ます。

講習会は二班に分けて、二日間開いています。午前の二時間で作り、みんなでランチにします。講習会とはいっても、女性同士でおしゃべりしながら楽しむ会です。

手の込んだ料理ではなく、家で普段食べる総菜を選ぶようにしています。和洋中、何でもあり。泰山堂のお客さんに好評だった料理や、逆に教えてもらった料理を作るときもあります。計量器を一切使わず、舌で味を覚えてもらうんです。いちいち分量を量って三度三度のご飯を作るわけではないですからね。愛情のスパイスは必ず入れてね、と伝えます。

十年以上前から、泰山堂で出す料理の作り方を教えてほしいと、時々講習を頼まれるようになりました。地元の仲間たちとイベントを開き、料理を提供したこともあります。

定期的な料理講習会は平成二十五（二〇一三）年から。私が理事長を務めていた「秋田花まるっグリーン・ツーリズム推進協議会」の事業として始めました。農家民宿や農家レストランなど、協議会の会員が無理せずできる体験講座を個々にやってみようという事業です。私の講座は令和二（二〇二〇）年から、メンバーを固定してサークル活動となりました。

毎日の食事作りは面倒ですが、料理を考えること自体は好きなんです。小さい頃は、よくままごと遊びをしていました。その頃の雑草や泥団子は食べられませんが、今の試作料理は食べられます

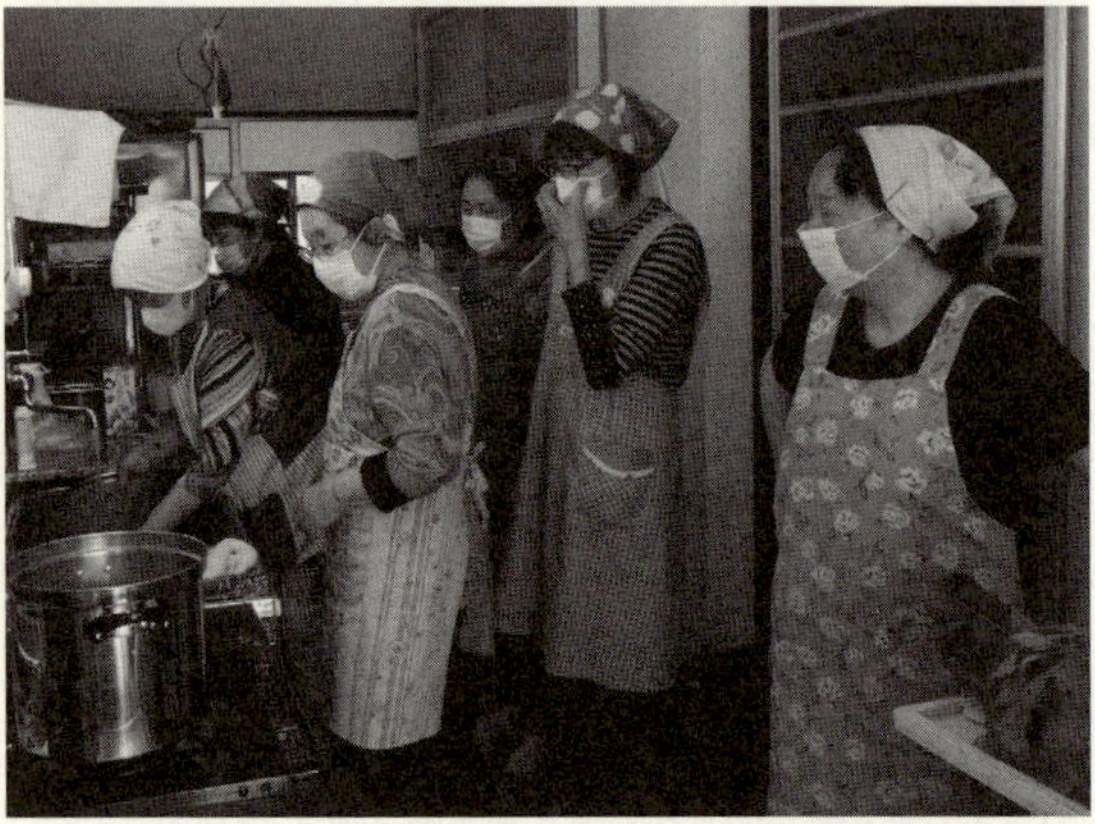

料理サークルで指導（右から４人目）＝令和２年

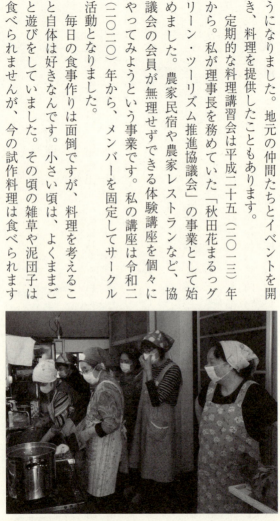

しね。あれとこれを組み合わせたら、どんな味になるんだろう。そう考えると楽しくなります。

新作料理の実験台は夫。「これはうまいぞ」と言われれば、サークルで紹介します。意見を聞くまでもない失敗作は、畑の肥やしになります。

やはり家族に食べさせたい思いで参加しているよ

内陸線で手料理提供

平成十八（二〇〇六）年の夏、県の仙北地域振興局の方が訪ねてきました。「仙北市の観光ツアーを考えているが、西木地域の見どころは何だろう」という相談でした。「何もないからなあ」と悩んでいると、泰山堂に泊まったロシアのお客さんの「日本の田園風景を見たいから来た」という言葉を思い出しました。看板のない秋田内陸線沿線の様子も浮かび、「内陸線から景色を見てもらったら」と提案しました。「食事があれば最高だ」「仕出しではなく、母さんたちが各駅から手料理を持ち込むのはどうかな」と話が弾みました。

「母さんたち」は、当時私が会長だった西木のグリーンツーリズム研究会のメンバー。農家民宿や農村体験受け入れなどをする仲間が、情報交換するグループです。おにぎり、漬物、きのこ汁、魚料理、手打ちそば、デザート用の餅、焼き栗などメニューを話し合いました。
ツアーは十一月。一両三十五人分の予定でしたが、二両編成七十人分に増えてしまいました。無我夢中で人数分を用意し、各自持ち場の駅から乗り込み、料理のことや西木のことを説明しました。お客さんの笑顔に、みんな大喜びでした。
これが好評で、平成十九（二〇〇七）年からは内陸線の会社から頼まれるようになりました。今は秋から冬の「ごっつお玉手箱列車」として運行されていて、内陸線の「ドル箱」とも言われているらしいです。

お客さんの笑顔をエネルギーに頑張っています。

研究会は現在十人ほどで、「面白いことはすぐやる」がモットー。普段家で食べている餅料理と漬物を集めた「もちっこバイキング」というイベントを開いたこともあります。

内陸線に乗り込み料理を提供（左）＝令和2（2020）年1月

餅三十五品、漬物五十品も集まり、自分たちの食生活の豊かさを実感しました。九年前に会長は辞めましたが、私が先輩たちに面倒を見てもらった分を、若い人たちにお返しできればいいなと思います。

六回目という一人旅の方もいた
おふくろの味を思い出しているみたい
最高の食ってこのことだったのかも！

コメ産直でつながる

うちはコメの産地直送に取り組んでいます。送り先は泰山堂のお客さんや、長く交流している東京・町田市にある和光中学校の生徒の家。和光中関係では、わらび座を通して送る分もあります。発送は月末。東北から関西まで、多い月だと二十軒ぐらい。五キロ、十キロが中心です。

わが家では今、頼まれた分を含めて三町歩（約三ヘクタール）ほどでコメを作付けしています。取れたコメのうち四分の一ぐらいは産直が占め、農家経営の柱となっています。

産直にはお土産と簡単なメッセージを添えます。メッセージには「田植えがようやく終わりました」「紅葉が進んできました」「今年初めてストーブをつけました」など西木の様子を書くことが多いです。

お土産は自家製のみそや漬物、野菜など。正月用の餅は定番です。六月の新タマネギや七月のジャガイモは野菜の定番ですが、その年の生育が悪いと、間に合うかなと焦ります。

だいぶ前ですが、あるお客さんから「家族が減り、食べる量が少なくなったので、注文をやめます」と丁寧な手紙が届きました。何カ月かして再び来た手紙には「藤井さんの近況を知ることができないし、お土産も食べられず寂しい。また送ってください」とありました。本当にうれしかったです。四十年以上も続いています。

私が体調を崩して、一度だけ夫がコメだけを送ったことがあります。「どうかした?」と心配の電話や手紙を頂きました。産直を通じて、お互いの家の様子が見えてきます。同

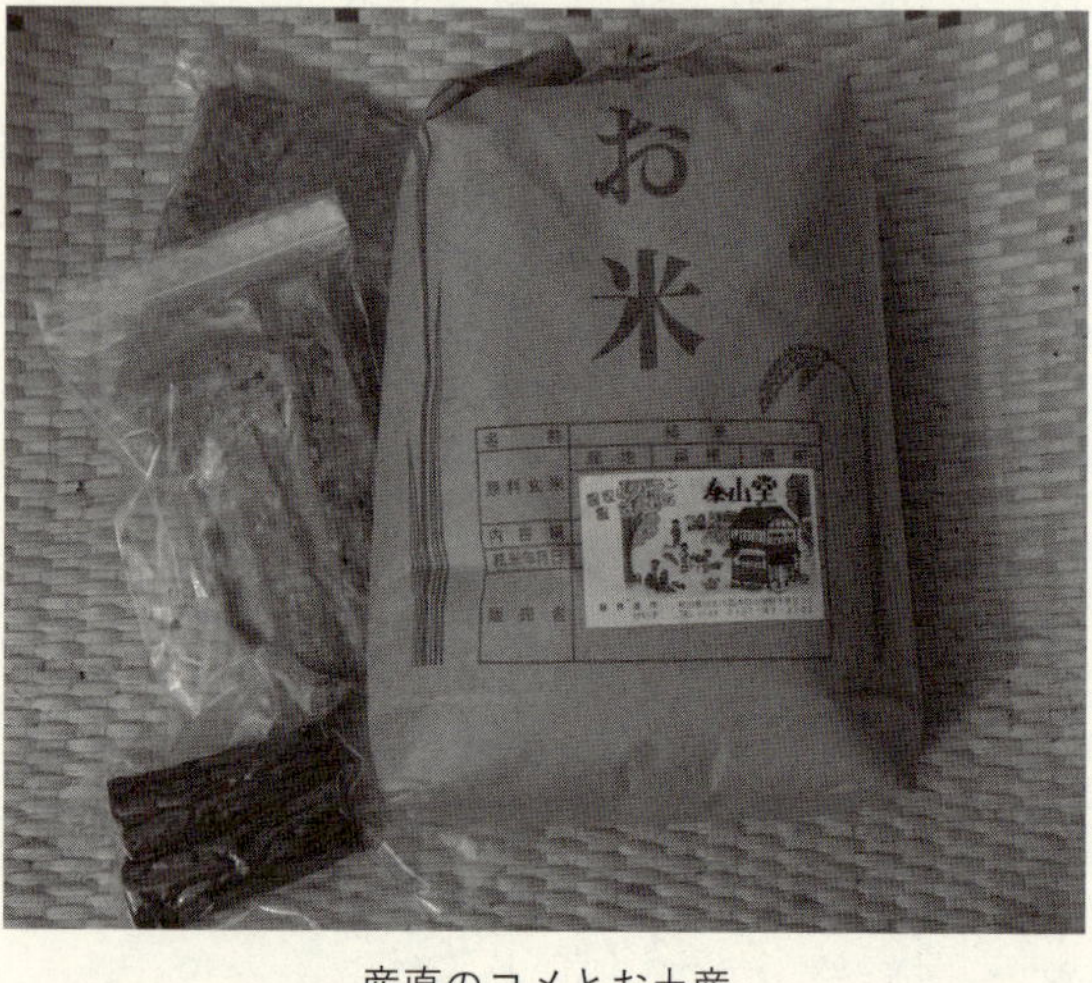

産直のコメとお土産

じ釜の飯ならぬ、同じ田んぼの飯を長年食べている間柄です。

コメで思い出すことがあります。泰山堂を始めた頃、東京で料理屋をやっていた中学の同級生から「高級な酒や料理の後でも、締めのおにぎりは喜ばれる。日本はやっぱりまま（コメ）だよ。西木のおいしいご飯を味わってもらえ」と言われました。発送の準備をしながら、その言葉をかみ締めています。

ある先輩のおばあちゃんの言葉で
「子どもは胃袋でつかめ」と言っていた
すごく手間暇がかかることだが
都会の人とも交流が続いて四十五年

再出発思いわくわく

新型コロナ禍になり、県外の方々と接する機会はほとんどなくなりました。これまでにないぐらい、時間がゆっくりと流れます。農業と農家民宿でせわしなくしているリズムが崩れたせいか、「休み疲れ」のようなものも感じました。

こんなご時世だから、念入りに消毒し、空気清浄機を入れ、予約を受ける間隔を二週間空けるなど、お客さんに備えていろいろ気を使いました。もしものことがあれば、集落の人たちにも申し訳ないので、感染が広がっている所の人の予約を断ったこともあります。令和三（二〇二一）年、泰山堂に泊まったお客さんは半年間で五組。私としては、よく五組も来てくれたなあという感じでした。

泰山堂のリピーターの人からは、しょっちゅう電話や手紙をもらいます。迷惑を掛けないようにと、皆さんここに来るのを我慢してくれていたのです。「もう少しすれば行くから」

という言葉に励まされます。

今はしょうがない━。これがコロナについて考えた末の結論です。いずれお客さんは戻ってきてくれるでしょう。リピーターは「やっと会えたね」と出迎えて、積もり積もった話をしよう。新しいお客さんは今まで通り自然体で迎え、田舎の暮らしを味わってもらおう。年を重ねて体力に不安はありますが、周りの方々の助けも借りて、再出発したいと思っています。どんな発見が、どんな出会いがあるのかを想像するとわくわくします。

滞在型観光の現地調査で、西木に来ていた立教大学の人たちが、東京・奥多摩の民宿のことをよく話していました。二人のおばあさんがやっていて、お客さんが来るのは週末だけ。二人は「土日二日間の

コロナ禍では本業の農業に集中＝令和３年６月１日

ために五日を費やす」が口癖だそうです。平日に畑と山の手入れをし、野菜と山菜でお客さんをもてなす――。私もそんな気持ちで再出発を楽しみにしています。

母の最後の言葉
「けっこ、直市さんを大事にしれな」だった

あとがきにかえて

ある時、当時秋田魁新報社横手支社の支社長だった斎藤純一さんから連載「シリーズ時代を語る」の取材依頼の電話がありました。楽しみに読んでいた連載で、それまでにも知っている方が多く登場し、懐かしさと感動を覚えていました。まさかその連載に私が載せてもらえるとは、と舞い上がって、「はい」と答えてしまいました。

それからは何度も斎藤さんに足を運んでもらい、秋田弁でごちゃごちゃとした話と記憶をまとめていただきました。連載が始まると反響が大きく、「紙面やインターネット上で読んでおり、毎朝が楽しい」という感想をたくさんもらいました。同じシリーズを基に「僕は村のお医者さん」が出版された仙北市西明寺診療所所長の市川晋一先生からは、ご自身の本をいただき出版を後押ししていただきました。

新型コロナ禍の空白期間が過ぎ、今は泰山堂にもリピーターの方々が戻ってきました。

そして、初めて訪れる若い家族のお客さんも増えています。私を「ばあちゃん」と呼んで、いっぱい話をしてくれます。居心地がよく元気をもらっています。

提供する料理も変わりました。以前は〝無国籍勝手料理〟と言いながら楽しんでいましたが、ばあちゃんになると味覚が変化し、田舎の昔懐かしい料理を出すようになりました。食材の調達方法は変わらないのですが、より手間がかかるようになりました。それでも、お客さんの笑顔が何よりもうれしいです。

「また来るからな、体に気を付けてね」と言ってもらうと、「そうだな、約束したしな」「どなたも『ゆっくり休んで』とは言わないしな」と、もう少し楽しませてもらおうと思っています。

これまでを振り返ってみると、今では聞く機会が減った親や先輩たちからの教えがありました。なるほどと思い、身に染みた言葉が人生を導いてくれました。文章のつながりとして不自然な部分はありますが、そうした言葉や当時の思いを各回の末尾に付け加えさせていただきました。ふと時代を感じ取っていただけましたら幸いです。

表紙などのイラストはタカクラエ様に描いていただきました。この方が描く線に生命を感じ、嫁いで来たこの土地と通じるものを持っていると勝手に思い込んでお願いしました。想いを伝えるというのは大変なことでした。あの時、思わず答えた「はい」の一言をきっかけに、多くの方々にお力をいただきました。本当に心から感謝を申し上げます。ありがとうございました。

令和六年九月

農家民宿「泰山堂」　藤井　けい子

私《わたし》は「農家《のうか》の母《かあ》さん」

語　　り　藤井《ふじい》　けい子《こ》
編　　著　秋田《あきた》 魁《さきがけ》 新報社《しんぽうしゃ》
発 行 日　2024 年 10 月 5 日

発 行 人　佐川 博之
発 行 所　株式会社秋田魁新報社
〒 010–8601 秋田市山王臨海町 1–1
Tel.018(888)1859
Fax.018(863)5353

定　　価　880 円（本体 800 円＋税）

印刷・製本　秋田活版印刷株式会社

乱丁、落丁はお取り替えします。
ISBN 978-4-87020-441-6　C0223　¥800E